Victor GLACHANT

Lauréat de l'Académie française

ARMAND CARREL

TRANSFUGE FRANÇAIS

(1822-1824)

Extrait de la " Revue hebdomadaire " du 5 octobre 1907

PARIS

ÉDITION DE *LA REVUE HEBDOMADAIRE*

8, RUE GARANCIÈRE — 6ᵉ

1907

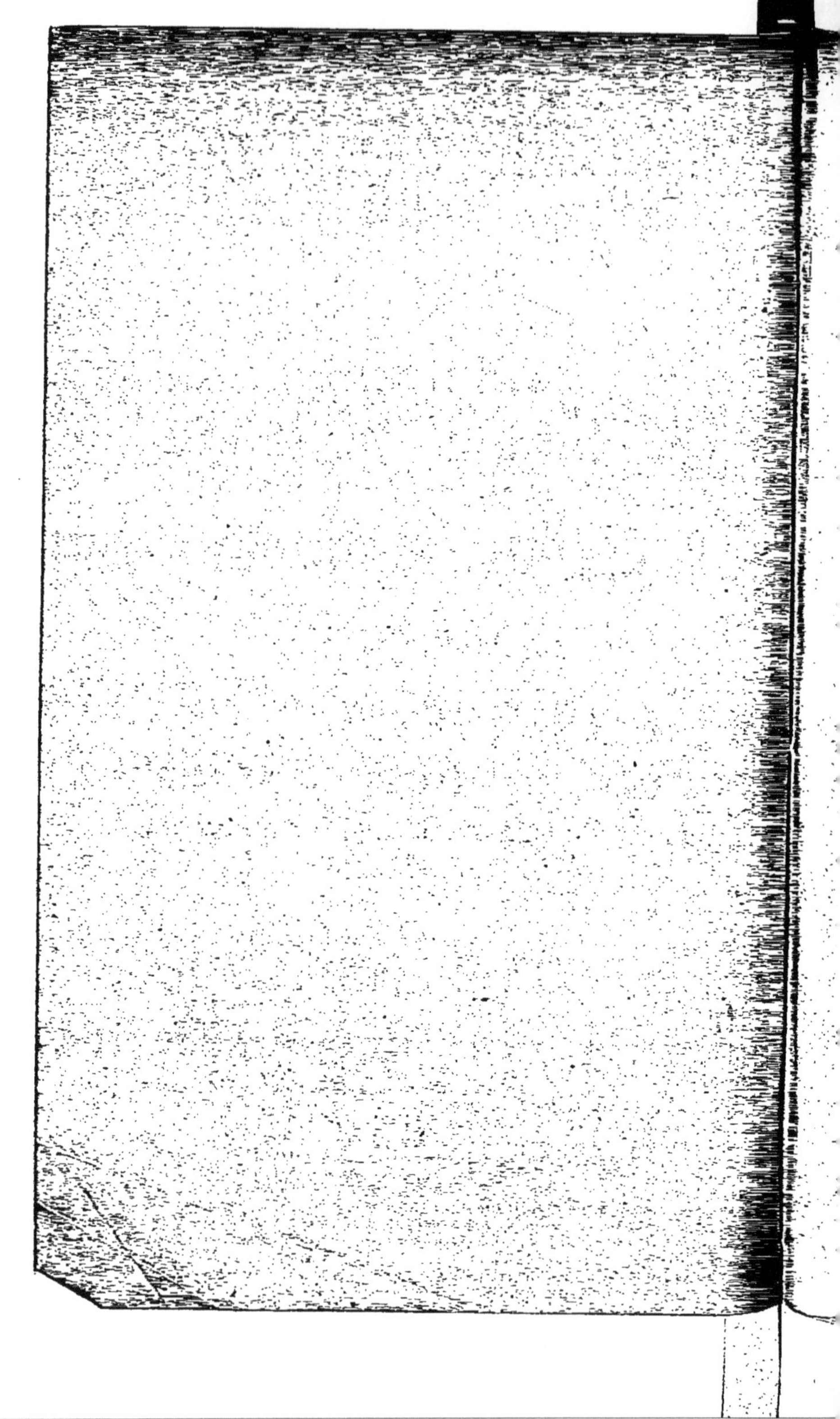

ARMAND CARREL

TRANSFUGE FRANÇAIS

(1822-1824)

ARMAND CARREL

D'après une gravure du cabinet des estampes de la Bibliothèque nationale.

Victor GLACHANT

Lauréat de l'Académie française

ARMAND CARREL

TRANSFUGE FRANÇAIS

(1822-1824)

Extrait de la " Revue hebdomadaire " du 5 octobre 1907

PARIS

ÉDITION DE *LA REVUE HEBDOMADAIRE*

8, RUE GARANCIÈRE — 6e

1907

G. TRANCHANT

ARMAND CARREL

TRANSFUGE FRANÇAIS

1815-1821

PARIS
ÉDITION DE LA REVUE HEBDOMADAIRE
3, RUE GARANCIÈRE — 3

1907

ARMAND CARREL

TRANSFUGE FRANÇAIS

(1822-1824)

Sous la Restauration, comme sous Bonaparte, la police française — une foule d'études récentes en font foi — instrumentait à force contre des gens dont le cas, trop souvent, ne valait pas une plumée d'encre. Quand on dépouille ces innombrables liasses et cartons des Archives nationales, où dorment les dossiers de maints transfuges de notre pays poursuivis pour traîtrise, escroquerie, ou simplement en raison de leur conduite équivoque, parmi tant d'individus obscurs, aujourd'hui totalement oubliés, un nom éclatant, presque glorieux, saute aux yeux du lecteur : celui d'Armand Carrel (1), le célèbre journaliste et homme politique, né à Rouen le 8 mai 1800, tué en duel à Saint-Mandé le 24 juillet 1836.

Carrel était, comme on sait, fils d'honnêtes commerçants. Après d'assez bonnes études au collège de sa ville natale, il entra à l'École militaire de Saint-Cyr,

---

(1) Archives nationales, sous la cote F7. 6663 *(Police générale; affaires politiques; an V-1830. Transfuges. A-F)*. — Dossier Carelle *(sic)* (Jean-Baptiste-Nicolas-Armand), officier au 29ᵉ régiment, 24 pièces. — Autres noms compris dans le même carton : Sestier (Jean-Baptiste), ex-capitaine d'infanterie ; Vernet (Charles), transfuge français ; Rivelard-Bezia (Jean-Baptiste-François-Pierre-Joseph), tambour-maître.

d'où, paraît-il, il faillit être expulsé à diverses reprises,
à cause de ses idées nettement libérales. C'était un
cœur généreux, voire une tête chaude, un tempéra-
ment chevaleresque et fier, que ce personnage *intré-
pide, inachevé* (1), fils de marchands et pourtant gen-
tilhomme de race. — « C'est dommage que vous ne
soyez pas né vingt-cinq ans plus tôt ! » lui dit un
jour, en l'admonestant, le général d'Albignac, commandant de l'École. Il fut noté comme « mal pen-
sant » ; et, de fait, il s'affilia de bonne heure à la char-
bonnerie française. — Sorti de Saint-Cyr, il entra, avec
le grade de sous-lieutenant, dans l'armée, où l'indé-
pendance absolue de ses principes et sa haine non
déguisée contre la dynastie des Bourbons le mirent
plus d'une fois en péril. Il s'exposait avec entrain. Au
29ᵉ régiment d'infanterie de ligne, en garnison à Neuf-
Brisach, il prend part à la conspiration de Colmar, qui
ne réussit point. Il eut la chance de n'être pas inquiété.

Vint, en 1823, la guerre d'Espagne, entreprise par
la Restauration et fort discutée à l'avance, Armand
Carrel se trouvait alors à Marseille avec son régiment.
Il apprend qu'un bataillon de volontaires français part
pour aller soutenir, armes en main, la cause des libé-
raux espagnols ; mais il est, lui, désigné pour rester
au dépôt de son régiment, c'est-à-dire évincé de la
campagne. Aussitôt il saisit ce prétexte pour envoyer
brusquement sa démission ; et, peu de jours après
(mars 1823), il s'embarque sur un bateau-pêcheur,
arrive à Barcelone, où il offre sa vaillance et son épée
à la cause constitutionnelle. Il s'engage, en qualité de
sous-lieutenant, dans la cohorte de la légion étrangère
qui, sous le drapeau tricolore, s'en va combattre au ser-

(1) Expressions de SAINTE-BEUVE. — Voir, dans les *Causeries du
lundi*, les trois beaux articles que l'ingénieux critique a consacrés
au portrait littéraire et moral d'Armand Carrel (tome VI. p. 84-
145 inclus.), les lundis 3 mai, 10 mai et 17 mai 1852.

vice des Cortès pour l'idée démocratique. Il repoussait, d'ailleurs, avec indignation le titre de transfuge, n'acceptant que le nom de réfugié ou même d'*émigré français*. (Notez qu'une foule de Piémontais, de Polonais, anciens soldats de l'Empire, se trouvaient réunis à Barcelone ; les Français y étaient en moindre nombre. L'organisateur de la légion était un officier piémontais d'esprit très noble, le colonel Pachiarotti (1).)

D'emblée, Carrel se comporte à merveille ; il déploya, notamment, une incroyable bravoure dans l'échauffourée de Matoro. Mais la légion étrangère fut forcée de capituler devant Figuières, après une extermination quasi complète. « Les quelques débris survivants, rappelle Sainte-Beuve (2), n'échappèrent que grâce à une capitulation généreusement offerte par le général baron de Damas, et qui garantissait la vie et l'honneur des capitulés *(16 septembre 1823)* : « Quant à ceux des étrangers qui sont Français, était-il stipulé dans la convention rédigée le lendemain, le lieutenant général s'engage à solliciter vivement leur grâce ; le lieutenant général espère l'obtenir. »

Ainsi, devenu prisonnier de son ancien général, le baron de Damas (3), rentré sur le sol de France, à la suite de cette capitulation, avec l'épée et l'uniforme, Carrel se vit arrêté à Perpignan et traduit devant un premier conseil de guerre, celui de Toulouse, qui l'acquitta, ou mieux, se déclara incompétent. Renvoyé par la Cour de cassation devant un autre conseil, celui des Pyrénées-Orientales, lequel eut ordre de passer outre, Carrel fut condamné à mort, mais uniquement,

---

(1) Carrel a inséré plusieurs articles sur la guerre d'Espagne dans la *Revue française*, en 1828.

(2) *Causeries du lundi*, VI, pp. 89-90.

(3) Damas (30 septembre 1785-6 mai 1862) avait été nommé, après Waterloo, commandant de la 8ᵉ division militaire (Marseille) ; puis il fut mis à la tête d'une fraction de l'armée de Catalogne.

semble-t-il, pour l'exemple. Jamais, sans doute, l'intention du gouvernement ne fut que l'arrêt capital s'exécutât. Le général baron de Damas, devenu ministre de la guerre, se portait garant de la grâce et de la clémence royale. Mais l'humeur altière d'un Carrel pouvait-elle s'accommoder d'une grâce? Raisonneur comme son compatriote Pierre Corneille, observe finement Sainte-Beuve, il ne lui suffisait pas d'avoir, en fin de compte, la vie sauve : il entendait conserver aussi l'honneur sauf. — Enfin, l'omission de quelques formalités légales fit convoquer un nouveau tribunal militaire à Toulouse; et, cette fois, Armand Carrel fut acquitté (juillet 1824). Le talent de l'avocat, M⁵ Romiguières, avait eu plus de peine à triompher de l'âpreté de son client que des dispositions des juges.

Quand Carrel sortit de prison, la carrière militaire lui était, naturellement, pour jamais fermée. Le studieux adolescent, dénué de ressources, sans situation et sans grade, tenta l'aventureuse profession de littérateur. Il fallait vivre. Il fut quelque temps secrétaire de l'historien Augustin Thierry, s'essaya dans les journaux; puis, avec Thiers et Mignet, il fonda *le National*, feuille d'opposition vigoureuse et franche, essentiellement démocratique. Il réussit, devint illustre à brève échéance : plume alerte et féconde, intelligence souple, avisée, don de l'ironie, riposte aisée, incisive, il réalise dès lors le type du polémiste accompli. Il se risque trois fois sur le terrain : son troisième duel lui coûte la vie, à trente-six ans.

Voilà les faits qu'il importait, en bref, de remettre en lumière avant de publier les intéressantes pages qui suivent et qui ont trait à cette période, agitée entre toutes, où débuta ce remuant et bouillant publiciste, le *Junius* de la presse libérale française, à la fois soldat, artiste et logicien, dont toute la courte vie fut un combat en règle, et qui, tel un paladin du temps jadis, mourut d'une lutte en champ clos.

Paris, 10 décembre 1822 (1).

Au Préfet des Bouches-du-Rhône.

Monsieur le Préfet, je suis informé que le s^r Armand Carelle (*sic*), âgé de 22 ans, officier du 29e régiment en garnison à Marseille, a demandé du service au ministère espagnol, pour lui et quelques-uns de ses camarades. M. le baron de Damas a dû en être prévenu par le ministre de la Guerre. Je vous invite à vous concerter avec lui pour prendre les mesures de surveillance nécessaires (1er jet : *que vous jugerez nécessaires*) à l'égard de ce militaire et de ses complices. Vous vous rappelez, sans doute, que déjà la conduite de ce 29e régiment à Belfort m'avait engagé à vous prier d'exercer sur lui, pendant son séjour à Marseille, une surveillance attentive.

PRÉFECTURE
des
BOUCHES - DU - RHONE

CABINET DU PRÉFET

—

*Direction
de la police*

—

Confidentielle.

—

Marseille, le 7 janvier 1823.

*A Son Excellence le Ministre secrétaire
d'État de l'Intérieur, à Paris.*

Monseigneur,

En conformité de ce que Votre Excellence a prescrit par sa lettre du 10 décembre dernier, la surveillance déjà exercée à l'égard de certains officiers du 29e régiment a été plus particulièrement appliquée au s^r *Carelle*. Ce jeune homme manifes-

(1) Minute *(non signée)*, de la main, je crois, d'un secrétaire du ministre de l'intérieur. — Plusieurs ratures, remaniements et surcharges. Le premier jet de la dernière phrase, notamment, était ainsi libellé : « Vous vous rappelez sans doute que déjà à *Belfort, où il se trouvait au moment de la conspiration, ce régiment avait donné des inquiétudes qui nous avaient donné lieu de vous prier d'exercer sur lui, pendant son séjour à Marseille, une surveillance particulière.* »

tait les meilleurs sentiments lorsqu'il sortit, il y a quelques années, de l'École militaire pour entrer dans ce régiment, et cette manifestation lui attirait de fréquentes querelles de la part de ses camarades qui étaient d'une opinion opposée. Ce fut en se disputant à ce sujet, dans une auberge de Verdun, qu'un de ces derniers lui jeta un plat au visage. On remarqua que non seulement l'offensé ne donna aucune suite à l'affaire, mais que même il s'opéra peu à peu depuis lors entre lui et ses antagonistes un rapprochement et des liaisons qui ont fait du s^r *Carelle* un des plus mauvais officiers qu'il y ait dans ce corps. Il serait même dangereux s'il n'était contenu par son capitaine, homme très prononcé dans son dévouement au Roi. Du reste, il ne paraît pas que le s^r *Carelle* ait été compromis à Béfort.

Les personnes qui ont été chargées d'observer ses démarches n'ont pu rien pénétrer de son projet de prendre du service en Espagne, ce qui est, en effet, très difficile à savoir ; et M. de Damas (1) regarde la chose comme peu vraisemblable ; mais il leur paraît évident que ce jeune officier professe les principes de l'opposition la plus hostile contre le gouvernement. Il fréquente le s^r *Perret*, lieutenant des grenadiers du 2e bataillon, et le s^r *Bourich*, sous-lieutenant à la même compagnie. Ceux-ci sont entièrement à la dévotion de leur capitaine, qu'on m'assure être très exalté partisan de tous les meneurs du côté gauche de la Chambre des députés. On lui prête beaucoup d'influence à l'égard de deux autres capitaines du même bataillon (le s^r *Arassa* et le s^r *Bachelet*), et l'on me fait envisager à cet égard l'importance d'un examen sévère de la part de l'autorité militaire. Il paraît enfin

(1) Anne-Hyacinthe-Maxence, baron de Damas, naquit à Paris le 30 septembre 1785, et mourut le 6 mai 1862. Emmené par ses parents en émigration, il servit d'abord dans l'armée russe jusqu'à la Restauration, fut nommé par Louis XVIII (1814) maréchal de camp, puis lieutenant général (1815). Il eut le portefeuille de la guerre depuis le 19 octobre 1823 jusqu'au 4 août 1824 ; il passa alors au ministère des affaires étrangères, où il resta jusqu'au 4 janvier 1828. Nommé gouverneur du duc de Bordeaux (en mai 1828), il le suivit dans l'exil, d'où il ne revint qu'une fois l'éducation du jeune prince achevée.

reconnu que la majorité des officiers de ce régiment ne serait pas à toute épreuve sous le rapport de l'attachement à la royauté légitime. On y appelle *renégats* les militaires de l'ancienne armée qui se sont franchement déclarés pour la maison de Bourbon, et on ne porte pas le nombre de ces derniers au delà de quinze à vingt.

En général, les officiers de ce corps sont très réservés ; on pourrait même dire qu'ils sont *boutonnés*, et ils ne fréquentent ni les sociétés, ni les cafés, ni même les individus de la ville. Quant à ce dernier point, le colonel le leur avait expressément recommandé, et cela dans les meilleures intentions ; mais il en résulte qu'on ne peut guères connaître, même par leurs relations, les opinions politiques de chacun d'eux.

Le colonel, M. de Lachau, est un excellent royaliste ; il mène parfaitement son régiment et il est extrêmement aimé des soldats ; mais il y a une lutte ouverte entre lui et M. Reyniac, son lieutenant-colonel, qu'on dit néanmoins s'être très bien conduit à Béfort ; état de choses extrêmement fâcheux, puisqu'il divise les officiers en deux parties ; et quoique ce dissentiment n'ait rien de politique, il est de fait que les officiers royalistes prononcés tiennent pour le colonel et les autres pour le lieutenant-colonel. Les chefs de bataillon et le major passent pour être bons depuis quelques changements qui viennent d'être faits.

J'ai entretenu M. le baron de Damas des renseignements qui viennent d'être mis sous vos yeux, et il est mieux que moi en situation de vous proposer ce qu'il convient de faire ; mon ministère se borne à vous dire que ce régiment mérite de fixer toute l'attention du ministère de la Guerre et que je continuerai de vous instruire de tout ce que je recueillerai d'intéressant.

Je suis avec respect, Monseigneur, de Votre Excellence le très humble et très obéissant serviteur.

Le maître des requêtes, préfet des Bouches-du-Rhône,

Cte DE VILLENEUVE (1).

(1) Sur la première page, cette mention marginale : « Communiquer *confidentiellement* à la Guerre. »

Paris, le 22 janvier 1823.

Au Ministre de la Guerre (1).

Monsieur le Maréchal, j'avais été prévenu que le s^r Carelle, officier au 29e régiment de ligne, avait demandé du service au ministère espagnol pour lui et pour quelques-uns de ses camarades. Les informations que j'ai fait prendre n'ont point confirmé cet avis; mais il en résulte que M. Carelle a les dispositions les plus hostiles. Lorsqu'il entra dans le régiment, il manifesta les meilleurs sentimens et se fit des querelles fréquentes avec ceux de ses camarades qui ne partageoient pas ses opinions. Un de ces derniers, dans l'ardeur d'une dispute politique, lui jeta dans une auberge, à Verdun, un plat au visage. On remarqua que non seulement l'offensé ne donna aucune suite à l'affaire, mais que peu à peu il s'opéra même entre lui et ses antagonistes un rapprochement et des liaisons qui ont fait du sieur Carelle un des plus mauvais officiers du régiment. Il paraît qu'il serait même dangereux s'il n'était contenu par son capitaine, militaire très prononcé dans son dévouement pour le Roi. Il fréquente le s^r Perret, lieutenant des grenadiers du deuxième bataillon, et le sieur Bourich, sous-lieutenant à la même compagnie. Ceux-ci sont entièrement à la dévotion de leur capitaine qu'on représente comme un partisan très exalté des chefs de l'opposition, et qui, dit-on, exerce une grande influence sur deux autres capitaines du même bataillon, nommés Arazza et Bachelet. En général, on regarde que la majorité des officiers du 29e est loin d'être à toute épreuve sous le rapport de l'attachement à la royauté légitime; et même on assure qu'on y appelle du nom de renégats les militaires de l'ancienne armée qui se sont franchement déclarés pour la maison de Bourbon. Au reste, on est affligé des dissentiments qui existent entre le colonel et le lieutenant-colonel. Quoique cette lutte ne se rattache point à la politique, elle a le déplorable effet de diviser les

(1) Minute autographe *(non signée)* du comte de Corbière, ministre de l'intérieur. Brouillon très raturé. On y retrouve presque textuellement des phrases de la lettre précédente.

officiers du régiment. Ceux qui sont royalistes tiennent pour le colonel, les autres pour M. de Reynac *(sic)*.

J'ai cru, dans l'intérêt du service du Roi, devoir confidentiellement communiquer à Votre Excellence ces renseignemens, qui m'ont paru dignes de toute son attention.

Le 3 octobre 1823.

Au Ministre de la Guerre (1).

Monsieur le Maréchal, j'ai appelé l'attention de Votre Excellence par la lettre que j'ai eu l'honneur de lui adresser, le 22 janvier dernier, sur le s^r Armand Carelle, officier au 29e régiment de ligne, signalé comme ayant demandé du service au gouvernement des Cortès. J'apprends qu'un s^r Armand Carel, ou Carelle, fait partie des transfuges français pris sous les murs de Figuières et conduits dans les prisons de Perpignan : mais la seule indication que j'aye sur ce prisonnier, c'est qu'il est né à Rouen, département de la Seine-Inférieure. Je prie Votre Excellence de me faire connaître s'il y a identité entre ce transfuge et l'officier ci-dessus désigné.

PRÉFECTURE
de la
SEINE-INFÉRIEURE
—

CABINET DU PRÉFET
—

Objet :
Renseignemens sur le
nommé Armand Carel, transfuge français.

Rouen, le 15 octobre 1823.

*A Son Excellence le Ministre
de l'Intérieur.*

Monseigneur,

Conformément à la lettre que Votre Excellence m'a fait l'honneur de m'écrire le 4 de ce mois au sujet du sieur Armand *Carel,* qui se trouve au nombre des transfuges français pris sous les murs de Figuières et qui a été conduit dans les prisons de Perpignan, je me suis empressé de recueillir les renseignemens les plus exacts.

(1) Minute autographe *(non signée)* du comte de Corbière.

**

Il en résulte que cet individu, qui doit avoir les prénoms de *Jean-Baptiste-Nicolas-Armand*, est né à Rouen le 9 mai (1) 1800 de parents honnêtes, qui lui ont donné une éducation soignée. Il a été trois ans à l'École militaire de Saint-Cyr.

En 1821, lors de la levée de la classe de 1820, il se trouvait déjà en activité, en qualité de sous-lieutenant au 29ᵉ régiment de ligne.

Le père de ce jeune homme, le sieur Carel-Dubuisson, commerçant de cette ville, demeurant rue aux Ours, n° 43, jouit d'une considération bien méritée et professe les meilleurs principes politiques. Il a deux autres fils, dont l'un se destine à l'état ecclésiastique et l'autre au commerce.

Ce malheureux père de famille ne méritait pas les chagrins amers que lui cause aujourd'hui la conduite de son fils.

Je suis avec respect, Monseigneur, de Votre Excellence le très humble et très obéissant serviteur.

> *Pour M. le Préfet, absent,*
> *Le conseiller de préfecture, délégué,*
>
> Le Thuillier.

Le 19 octobre 1823.

Au Ministre de la Guerre (2).

Monsieur le Maréchal (3), j'ai l'honneur de transmettre à Votre Excellence, par suite de mes précédentes communica-

(1) Les dictionnaires biographiques courants *(Grande Encyclopédie, Bouillet, Lalanne,* etc.) fixent la naissance d'Armand Carrel à la date du *8 mai 1800.*

(2) Minute *(non signée),* de la main du ministre de l'Intérieur, comte de Corbière.

(3) Claude Perrin, dit *Victor,* duc de Bellune, nommé maréchal de France sur le champ de bataille de Friedland (13 juillet 1807). Rallié aux Bourbons, il fut nommé par Louis XVIII pair et major général de la garde (1815), puis ministre de la guerre (14 décembre 1821); poste qu'il abandonna au baron de Damas, le jour

tions, copie de quatre lettres relatives aux nommés *Sestier,
Carel, Vernet* et *Rivelard,* ou *Revolat,* qui font partie des
transfuges pris sous les murs de Figuières.

<table>
<tr><td>

PRÉFECTURE
des
BOUCHES - DU - RHONE

BUREAU
du Commissariat central

</td><td>

Marseille, le 4 novembre 1823.

*A Son Excellence le Ministre
de l'Intérieur.*

</td></tr>
</table>

Monseigneur,

J'ai appris que parmi les transfuges
français qu'on annonce devoir être jugés à
Perpignan figure un nommé Carrel, âgé
de 23 ans.

Ces notions me porteroient à croire que
cet individu est le même qu'un jeune officier, âgé de 22 ans, appelé Carelle, sur
lequel Votre Excellence appela mon attention par sa lettre du 10 décembre 1822.
Ayant soumis cet officier à une surveillance attentive, j'eus l'honneur, par ma
réponse du 7 janvier suivant, de faire
connaître à Votre Excellence que les
résultats qu'elle avait amenés étaient peu
favorables au s^r Carelle, et qu'il paraissait
que ce jeune homme professoit les plus
mauvais principes politiques. Si je prends
la liberté de rappeler le s^r Carelle à la
mémoire de Votre Excellence, c'est que
j'ai pensé que ma lettre aurait un but
utile, en admettant toutefois que Votre
Excellence eût perdu de vue cet individu,
et que les antécédens puissent influencer
la détermination qui sera prise à son
égard.

même où fut datée et expédiée cette lettre de Corbière (19 octobre 1823).

Je suis avec respect, Monseigneur, de Votre Excellence le très humble et très obéissant serviteur.

Le maître des requêtes,
Préfet des Bouches-du-Rhône,

Cᵗᵉ DE VILLENEUVE.

Le 10 novembre 1823.

Au Préfet des Bouches-du-Rhône.

Monsieur le Préfet, j'ai reçu votre lettre du 4 de ce mois, relative au sʳ Carelle, ex-officier au 29ᵉ régiment d'infanterie de ligne. Tout porte à croire qu'il y a effectivement identité entre cet ex-officier et le transfuge de ce nom détenu dans les prisons de Perpignan. Je vous remercie de l'empressement que vous avez mis à me faire cette communication (1).

Le 10 novembre 1823.

A Son Excellence le Garde des sceaux (2).

Monsieur le Comte, le conseil de guerre séant à Perpignan a renvoyé devant les tribunaux civils un sʳ Carelle (Armand), l'un des transfuges français pris sous les murs de Figuières.

(1) Minute *(non signée)*, de la main du ministre de l'Intérieur, comte de Corbière.

(2) Minute *(non signée)*, de la main du ministre de l'Intérieur, comte de Corbière. — Le garde des sceaux était, à cette date, Charles-Ignace, comte de Perronnet (1778-1854). Procureur général à Bourges, puis député du Cher (1820), il fut nommé ministre de la Justice le 14 décembre 1821, et conserva ces fonctions jusqu'à l'avènement du ministère Martignac (5 janvier 1828) : il se maintint donc plus de six ans à ce poste difficile, où il eut pour successeur Portalis. Sous ses auspices furent présentées les lois sur la police de la presse (1822), sur le sacrilège (1825), et la fameuse loi dite *de justice et d'amour,* qui, adoptée par la Chambre des députés, dut être retirée devant l'opposition de la Chambre des pairs, en 1827.

Je crois devoir transmettre à Votre Excellence copie de deux lettres, l'une de M. le préfet des Bouches-du-Rhône, l'autre de M. le préfet de la Seine-Inférieure, relatives à un ex-sous-lieutenant de ce nom congédié du 29e régiment d'infanterie de ligne. L'identité ne paraît pas douteuse. J'ajouterai que le sr Carel, qui avait toujours manifesté de mauvaises opinions, a été congédié pour avoir fait des démarches dans le but d'obtenir du service à la solde des Cortès.

MINISTÈRE
DE LA GUERRE
—
DIRECTION GÉNÉRALE
du personnel.
—
7e BUREAU
—
Justice militaire.

Avis de l'acquittement
des nommés Carrel
et Bazia, transfuges.
—

Paris, le 31 juillet 1824.

*A Son Excellence Monsieur le Ministre
de l'Intérieur.*

Monsieur le Comte (1), deux transfuges, précédemment jugés et condamnés à mort par le conseil de guerre à Perpignan, ont été renvoyés, par suite de l'annulation de ce jugement, devant un conseil de guerre à Toulouse, où ils viennent d'être acquittés et mis en liberté. L'un et l'autre ont servi antérieurement, mais n'appartiennent plus à l'armée, ce qui me détermine à fixer l'attention de Votre Excellence sur leur conduite antérieure, sur le peu de solidité des motifs qui ont déterminé leur acquittement et sur le genre d'intrigues auquel il est à craindre qu'ils ne se livrent par la suite.

Carrel (Jean-Baptiste-Nicolas-Armand) est né à Rouen en 1800; il est sorti de l'École militaire en 1820, pour entrer, comme sous-lieutenant, au 29e régiment

(1) Jacques-Joseph-Guillaume-Pierre, comte de Corbière (1767-1853), fut appelé, en décembre 1821, au ministère de l'intérieur et anobli. Après s'être signalé par ses rigueurs contre le parti libéral, la presse et l'enseignement mutuel, il tomba avec le ministère Villèle, le 4 janvier 1828, et fut alors élevé à la pairie.

de ligne, et, sa conduite l'ayant fait réformer sans traitement en 1823, il est immédiatement passé en Espagne et a pris parti dans la légion libérale.

Bazia (Jean-Baptiste-François-Pierre-Joseph) est né à Perpignan en 1775. Il avait servi comme tambour-maître : réformé en 1814, il passe à Barcelone six mois avant l'entrée de l'armée française, et il y donnait des leçons d'escrime.

Le jugement qui a acquitté ces deux hommes, et qui paraît dû aux sophismes de leur défenseur, est devenu définitif, et je n'ai plus, pour en atténuer les fâcheux résultats, qu'à provoquer l'action de la police sur leur conduite future.

J'ai l'honneur d'être, Monsieur le Comte, avec une haute considération, votre très humble et très obéissant serviteur.

Le Ministre secrétaire d'État de la Guerre,

Le baron de DAMAS (1).

Le 6 août 1824.

Au Préfet de la Haute-Garonne.

Monsieur le Préfet, je suis informé que le conseil de guerre séant à Toulouse a acquitté de l'accusation de port d'armes contre la France les nommés Carrel et Bezia, et que ce dernier est arrivé à Perpignan, lieu de sa naissance; mais j'ignore encore la destination qui a été donnée à Carrel. Je vous invite à me le faire connaître sans le moindre retard.

Le 6 août 1824.

Au Ministre de la Guerre.

Monsieur le Baron, j'ai reçu les deux lettres que Votre Excellence m'a fait l'honneur de m'adresser le 31 du mois

(1) Le baron de Damas quittait le portefeuille de la guerre moins d'une semaine après avoir écrit cette lettre; il fut ministre depuis le 19 octobre 1823 jusqu'au 2 août 1824. Il avait succédé à Victor, duc de Bellune; il fut remplacé par le marquis de Clermont-Tonnerre.

passé, pour me prévenir de l'acquittement des nommés *Carrel*, *Basia* (sic), *Espicant* (?) et *Alsan*, traduits devant les conseils de guerre de Toulouse et de Perpignan pour prévention de port d'armes contre la France.

Je donne des ordres pour que ces individus soient l'objet d'une surveillance particulière (1).

<table>
<tr><td>

PRÉFECTURE
de la
HAUTE-GARONNE
—

Direction
DE LA POLICE
—

</td><td>

Toulouse, le 17 août 1824.

A Mgr le Ministre de l'Intérieur.

Monseigneur,

Je m'empresse de répondre à la lettre que vous m'avez fait l'honneur de m'écrire le 6 du courant, relativement aux nommés *Carrel* et *Besia*, qui viennent d'être acquittés, par le conseil de guerre, de l'accusation de port d'armes contre la France.

Il a été délivré, le 30 juillet dernier, un passeport, avec itinéraire obligé, au nommé *Carrel*, dont vous ignorez la destination, pour se rendre à Rouen, son pays natal.

Si j'ai tardé à vous en informer, c'est que j'avais déjà signalé cet individu à mon collègue de la Seine-Inférieure en lui adressant son signalement, dont ci-joint est copie.

Je suis avec respect, Monseigneur, de Votre Excellence le très humble et très obéissant serviteur (2).

</td></tr>
</table>

Le Maître des requêtes,
Préfet de la Haute-Garonne,

De Juigné.

(1) Minutes *(non signées)*, de la main du ministre de l'Intérieur.
(2) Nous reproduirons plus loin ce signalement.

PRÉFECTURE
de la
SEINE-INFÉRIEURE

—

1ʳᵉ DIVISION

—

Le sʳ Carrel, ex-offi-
cier, a obtenu un
passeport pour Pa-
ris.

—

Rouen, le 20 août 1824.

A Son Excellence le Ministre
de l'Intérieur.

Monseigneur,

Par sa lettre du 31 juillet dernier, mon collègue de la Haute-Garonne m'a informé qu'il venait de viser un passeport pour Rouen au sieur Carrel *(Jean-Baptiste-Nicolas-Armand)*, ex-officier, acquitté par le conseil de guerre de la 10ᵐᵉ division militaire sur l'accusation d'avoir porté les armes contre la France.

M. le maire de Rouen, auquel j'ai écrit à ce sujet, m'annonce que cet individu est arrivé en cette ville le 8 de ce mois, qu'il est logé chez son père, négociant, rue aux Ours, et qu'il lui a délivré le 18 du courant un passeport pour Paris, où il se propose de faire son cours de droit.

Je suis avec respect, Monseigneur, de Votre Excellence le très humble et très obéissant serviteur.

Pour le Préfet, empêché,
Le conseiller de préfecture, délégué,

LE THUILLIER.

Le 22 août 1824 (1).

Au Préfet de la Seine-Inférieure.

Monsieur le Préfet, le sʳ Carrel, ex-officier au 29ᵉ régiment, qui a fait l'objet de plusieurs communications, et qui

(1) Minute *(non signée)*, de la main du ministre de l'Intérieur.

a été acquitté par le conseil de guerre séant à Toulouse de l'accusation de port d'armes contre la France, a obtenu, dans cette ville, un passeport pour retourner à Rouen, lieu de sa naissance. Je vous invite à faire observer avec soin, mais secrètement, la conduite et les relations de cet individu, et à me communiquer les résultats que vous pourrez obtenir.

S'il venait à quitter votre département, vous m'en informeriez sans délai en me faisant connaître sa nouvelle destination.

PRÉFECTURE
de la
SEINE-INFÉRIEURE

—

1re DIVISION

—

Le s' Carrel a obtenu un passeport pour Paris.

—

Rouen, le 24 août 1824.

A Son Excellence le Ministre secrétaire d'État de l'Intérieur.

Monseigneur,

J'ai reçu la lettre que Votre Excellence m'a fait l'honneur de m'écrire le 22 de ce mois, concernant le sieur Carrel, ex-sous-officier acquitté par le conseil de guerre séant à Toulouse de l'accusation de port d'armes contre la France.

Par ma lettre du 20 courant, j'ai eu l'honneur d'informer Votre Excellence que cet individu était arrivé à Rouen le 8 du même mois et qu'il avait obtenu, le 18, un passeport pour Paris, où il se propose de faire son cours de droit.

Je suis avec respect, Monseigneur, de Votre Excellence le très humble et très obéissant serviteur.

Pour le Préfet, empêché,
Le conseiller de préfecture, délégué,

LE THUILLIER.

Le 27 août 1824.

Au Préfet de Police (1).

Monsieur le Préfet, le sr Carrel (Jean-Baptiste-Nicolas-Armand), ex-officier, acquitté de l'accusation de port d'armes contre la France, par le Conseil de guerre séant à Toulouse, avait été dirigé sur Rouen (Seine-Inférieure), où il est né. J'apprends qu'il a obtenu dans cette ville, le 18 de ce mois, un passeport pour Paris, où il se propose, a-t-il dit, de suivre les cours de l'École de Droit.

Je vous invite à donner des ordres pour que les démarches et les relations de cet individu soient observées avec beaucoup de soin et à me communiquer les résultats de cette surveillance.

CABINET
du
PRÉFET DE POLICE
—

Paris, le 8 octobre 1824.

*A Son Excellence le Ministre
de l'Intérieur.*

Monseigneur,

Votre Excellence m'a fait l'honneur de m'écrire, le 18 août dernier, que le sr Carel, ancien officier, avait obtenu, à Rouen, un passeport pour se rendre à Paris, où il se proposait de suivre les cours de l'École de Droit, et elle m'a invité à faire observer ses relations dans la capitale.

Cet individu est arrivé le 26 août, et est descendu rue et hôtel Coq-Héron (2);

(1) Minute *(non signée)*, de la main du ministre de l'Intérieur.
(2) Aujourd'hui dans le Ier arrondissement (Louvre), entre la rue Coquillière et la rue du Louvre : courte voie, longue de 50 mètres environ. C'était jadis une impasse.

il n'est resté que peu de jours dans ce logement, qu'il a quitté sans faire connaître son nouveau domicile ; il n'est même pas revenu pour retirer plusieurs lettres qui lui ont été adressées, et dont une se trouve entre mes mains. Ce n'est que le 1er de ce mois qu'on a pu retrouver ses traces. Il demeure, depuis cette époque, rue Gît-le-Cœur (1), n° 15. Il s'est fait inscrire sur le registre de cet hôtel avec la qualité d'étudiant, et il se propose de suivre les cours de l'École de Droit, aussitôt qu'ils seront ouverts. On observera ses démarches avec soin, et je ferai connaître à Votre Excellence les remarques auxquelles elles pourront donner lieu.

J'ai l'honneur d'être avec respect, Monseigneur, votre très humble et très obéissant serviteur.

Le Conseiller d'État, Préfet,

G. DELAVAU.

<table>
<tr><td>CABINET
du
PRÉFET DE POLICE
—</td><td>Paris, le 19 octobre 1824.

*A Son Excellence le Ministre
de l'Intérieur.*</td></tr>
</table>

Monseigneur,

J'ai eu l'honneur de faire connaître à Votre Excellence, dans ma lettre du 8 de ce mois, les premiers résultats de la surveillance qui a été dirigée sur le s^r Carel, ex-officier, natif de Rouen.

Depuis cette époque, on a suivi les démarches de ce jeune homme, et les remarques auxquelles elles ont donné lieu

(1) Dans le VIe arrondissement actuel de Paris. Cette voie (dont le nom signifie, paraît-il, *Gilles le Queux* ou *le Cuisinier*), compte un peu plus de 100 mètres de longueur (exactement 112 mètres); elle commence au quai des Grands-Augustins et finit rue Saint-André-des-Arts, n° 30.

n'offrent rien qui lui soit défavorable. Il paraît fort studieux, et il se rend journellement dans un cabinet littéraire, rue des Mathurins-Saint-Jacques (1), où il s'est abonné pour lire les ouvrages de jurisprudence. Ses connaissances à Paris sont peu nombreuses, mais il est particulièrement connu d'un négociant nommé Parudez-Quesnay, dont les opinions ne sont pas mauvaises.

Carel avait déjà commencé à suivre les cours de droit, il y a environ cinq ans, époque à laquelle il prit le parti des armes, carrière qu'il a quittée, dit-il, avec plaisir, pour reprendre ses premiers travaux.

J'ai l'honneur d'être avec respect, Monseigneur, votre très humble et très obéissant serviteur.

Le Conseiller d'État, Préfet,

G. DELAVAU.

Signalement du s^r Carrel (Jean) (2).

(*Jean-Baptiste-Nicolas-Armand.*) Ex-officier acquitté par le conseil de guerre de *la 10e division militaire*.
Natif de Rouen (Seine-Inférieure).
Demeurant à Rouen.
Allant à Rouen.
Agé de 23 ans.
Taille : 1^m, 74^c.
Cheveux châtains.
Front moyen.
Sourcils châtains

(1) Actuellement partie de la rue du Sommerard, entre la rue Saint-Jacques et le boulevard Saint-Michel, près de l'hôtel Cluny. Elle s'appelait, en 1220, rue du *Palais-des-Thermes* et rue des *Thermes;* en 1450, rue du *Palais.*
(2) *Jean* n'est pas le prénom usuel de notre personnage, mais le premier selon l'ordre de l'état civil, où, comme on voit, le prénom ordinaire *Armand* figure le quatrième et dernier.

Yeux châtains.
Nez grand.
Bouche moyenne.
Barbe peu fournie.
Menton rond.
Visage ovale.
Teint ordinaire.

Le passeport a été délivré sur l'attestation de M. *Vernet* (François), rue Sainte-Ursule, nᵒ 18, et de M. *Dulaurier* aîné, négociant, rue de la Bourse, nᵒ 20.

Note du Ministère de l'Intérieur.

Paris, le 18 avril 1828.

Le sʳ Carrel, de Rouen, dont il est question dans cette note, a été acquitté par le Conseil de guerre séant à Toulouse, en juillet 1824, de la prévention d'avoir porté les armes contre la France. Il avait servi comme sous-lieutenant dans le 29ᵉ régiment de ligne. — Réformé sans traitement en 1823, il avait pris parti dans la *légion libérale étrangère* organisée à Barcelone par les Cortès. Depuis près de trois ans, la Préfecture de Police a cessé de fournir des rapports sur sa conduite.

Ainsi, à cette date, vers la fin du règne de Charles X, Carrel n'était plus filé ni tenu en surveillance depuis 1825. L'œil du guet ne se dirigeait point de son côté. Il n'avait plus maille à partir avec la haute police. Pendant plus de dix ans, sans trêve, sans lassitude, il se battra dans la mêlée des partis, avec quelle ténacité, avec quelle abnégation, quel superbe courage, la génération de 1830 a mieux su l'apprécier que la nôtre, écœurée par la vanité des grimauds de lettres, par le scepticisme d'inertes politiciens. — Carrel, au total, ne fut ni un transfuge, ni un déserteur, ni un lâche! Le jeune soldat que la rumeur publique accusait de s'être, en 1822, laissé, sans sourciller, jeter un plat à la tête par un commensal de table d'hôte, — quatorze ans plus tard, acceptait, par souci du point d'honneur, cette fatale rencontre : il s'alignait, dans le bois de Saint-Mandé, contre un rival myope (1), à la suite de quelque polémique de presse, une misère!... Et il succomba sous une balle de pistolet, pleuré de tous, amis ou ennemis, pleuré sincèrement par son adversaire, le premier de tous, pour sa haute valeur intellectuelle, ses vertueux instincts, sa fougue admirable, sa belle droiture, sa vraie bonté.

(1) Émile de Girardin, fondateur et directeur de la *Presse*.

PARIS

TYPOGRAPHIE PLON-NOURRIT ET Cie

Rue Garancière, 8

PARIS

TYPOGRAPHIE PLON-NOURRIT ET Cie

8, rue Garancière

www.ingramcontent.com/pod-product-compliance
Ingram Content Group UK Ltd.
Pitfield, Milton Keynes, MK11 3LW, UK
UKHW021041220726
13924UKWH00001B/450